www.ingramcontent.com/pod-product-compliance
Lightning Source LLC
Chambersburg PA
CBHW062043280526
45788CB00003B/1099
* 9 7 8 1 5 4 6 3 2 1 5 1 4 *